THOMAS HALLING KENNETH ANDERSSON

i Stockholm

med öppna ögon

ALFABETA

Välkommen till Stockholm!

Stockholm är Sveriges huvudstad. En huvudstad är där de som bestämmer i landet håller till. Ofta är det den största staden, men inte alltid. Stockholm är Sveriges största stad.

Du kanske redan bor här

… eller kommer resande

med flyg,

med båt,

med tåg.

Kanske tar du bussen eller kommer hit med bil.

Väldigt många besöker Stockholm.
En del för att jobba – andra för att koppla av!

Kommer man i luftballong ser det ut så här

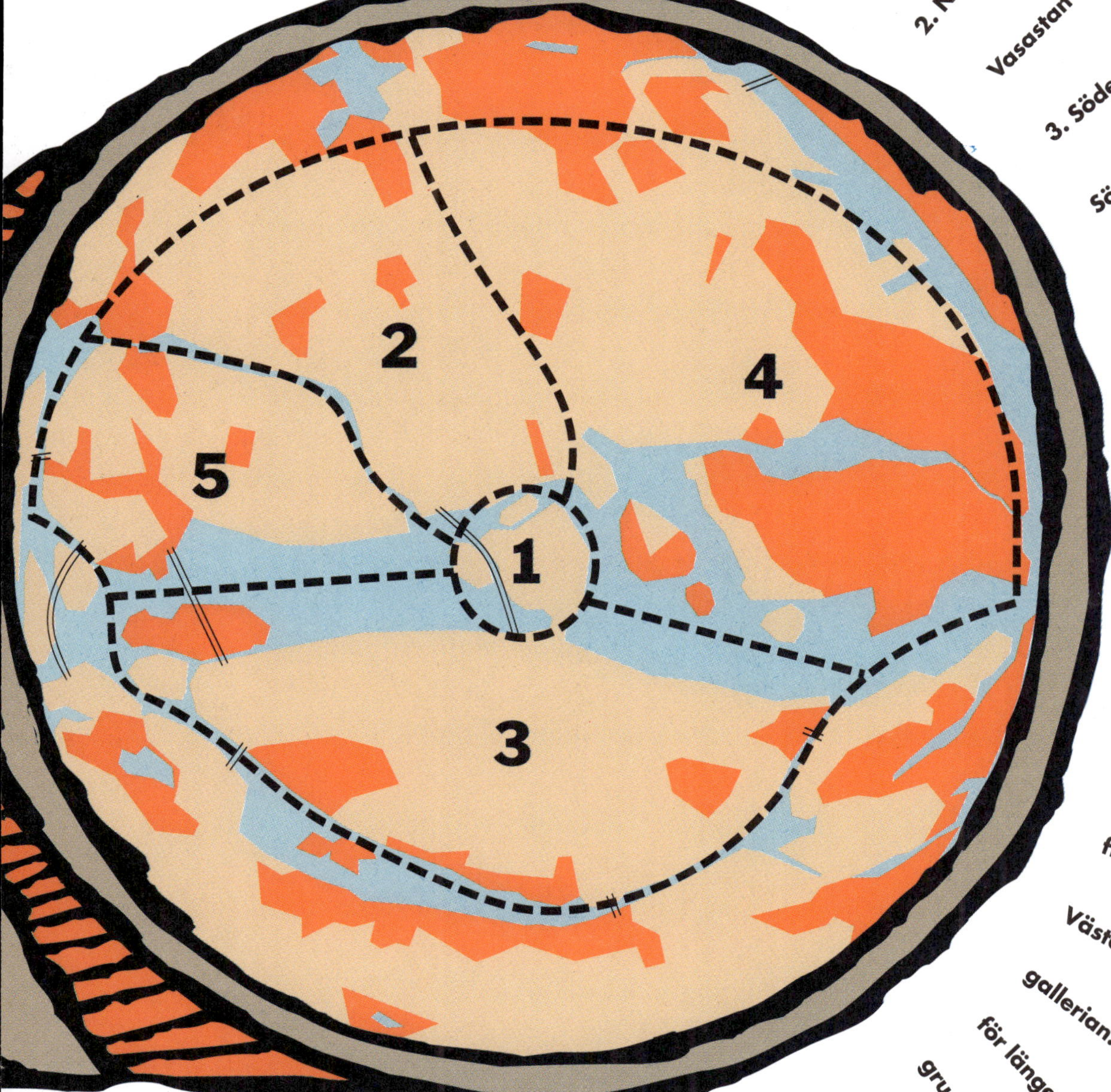

1. Gamla Stan och Riddarholmen.

2. Norrmalm med City, Vasastan och Birkastan.

3. Södermalm och Långholmen. Södermalms gamla namn är "Åsön".

4. Östermalm, Gärdet och Djurgården. Östermalm hette "Ladugårdslandet" fram till 1885.

5. Västermalm-Kungsholmen.

Det heter egentligen inte Västermalm även om det varit på förslag ett par gånger. Ändå finns namnet i Westermalms IF, Västermalms Båtklubb och Västermalmsgallerian. Kungsholmen hette "Munkelägret" för länge sedan. Malm betyder "sandig slätt", "skogsbevuxen grusmark". I Stockholm menade man de obebodda områdena runt Gamla Stan. Nu är alla malmar fyllda av liv och rörelse.

Mellan alla malmar ligger Gamla Stan

För 750 år sedan var Gamla Stan ny.

Birger Jarl hade kungens uppdrag att bygga en riktig stad

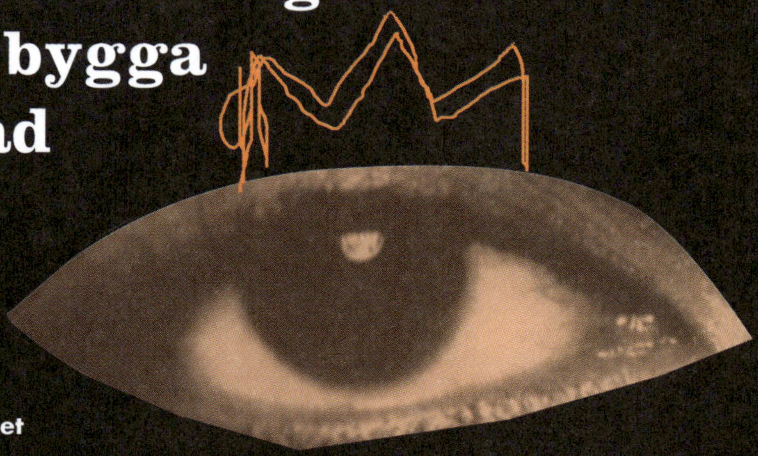

Det fanns en början till stad redan tidigare men med Birger växte den rejält. Jarl betyder "kungens högste ämbetsman". Det var ungefär som statsminister idag. En jarl var mycket mäktig och förnäm.

I ett brev år 1252 kallade man staden Stockholm

Där slottet ligger nu låg Birger Jarls borg. Väggarna i borgen var 5,5 meter tjocka! Vid borgen lät han uppföra en kyrka. Där den kyrkan låg ligger Storkyrkan idag. Vid kyrkan låg ett torg där man sålde och köpte saker. Idag heter samma torg Stortorget.

Runt borg och kyrka byggdes en stadsmur. Stadsmuren fick flyttas flera gånger efterhand som staden växte. Stadsmuren gick innanför Västerlånggatan och Österlånggatan.

I Storkyrkan finns Vädersolstavlan. Den ser ut ungefär så här. Det är en avbildning av staden år 1535, målad för ett himlafenomens skull. Man trodde att ringarna på himlen var tecken från Gud. Nu hjälper tavlan oss att förstå hur staden såg ut en gång. Målaren har stått på Skinnarviksberget på Södermalm.

Nu finns mycket att se ...

Stora gator

Här ser du Kungsgatan. Kungstornen är Sveriges och faktiskt Europas första skyskrapor. Biograferna är många och stora. Affärerna likaså.

Några andra riktiga stadsgator är Sveavägen, Karlavägen, Odengatan, S:t Eriksgatan, Götgatan, Hornsgatan och Birger Jarlsgatan. De stora gator som har trädplanteringar i mitten kallas esplanader. Drottninggatan är en lång gågata som går från Gamla Stan till Observatorielunden och tvärtom.

… och smala gränder

Mårten Trotzigs gränd är den smalaste. På smalaste stället är det bara 90 cm från vägg till vägg. Mårten Trotzig levde på 1500-talet och ägde hus i kvarteret. Gränderna som går ner mot vattnet övergick förr i bryggor där man tvättade kläder och la till med sina båtar.

Olika torg

Sergels Torg kallas också för "Plattan".
Här träffas alla!
Musikanter, trafikanter, demonstranter och gamla tanter.
Från torget ser du både Kulturhuset och Hötorgsskraporna.
Här ville man bygga det moderna Stockholm.
Det är ju fint på sitt sätt, men tyvärr rev man det gamla!

Fika, shoppa, promenera?
"Svampen" vid Stureplan
är en klassisk
mötesplats.
Här har många stämt träff
inför biobesök eller romantiska möten.
Titta får du se så många som väntar!

På Hötorget har det
varit torghandel
sedan 1600-talet.
Köp färsk frukt eller
kanske en blomma?
Lyssna på försäljarna!
Vid vackert väder, sola
på Konserthustrappan!

Mitt på Mariatorget ser du "Tors fiske",
kolla in musklerna!
Som modell för statyn stod en muskulös
söderkonstapel vid namn Fredriksson.
Spela lite boule eller njut av en glass.
Om du vill titta på eller delta i Midnatts-
loppet, så börjar och slutar det här.

Ett av Stockholms minsta men mysigaste torg heter Gåstorget.
Om du går på Västerlånggatan i Gamla Stan
så ska du leta efter ett valv som leder till Gåsgränd.
Fortsätt fram till torget, sätt dig sedan
på en bänk och njut.

Alldeles intill Vasaparken bodde Astrid Lindgren sina sista sextio år.
Hon promenerade ofta i parken. Nu är en del av parken uppkallad efter henne. På vintern kan man åka skridskor här och på sommaren spela minigolf. Lastbilen på lekplatsen är rolig att klättra på!

... och vackra parker

Rålambshovsparken är värd ett besök året om. Är det vinter och riktigt kallt kan du stiga ut på Riddarfjärdens is, med eller utan skridskor. Gör det bara om du är helt säker på att den håller! Från isarna ser man Stockholm från helt nya vinklar. Är det sommar kan du sola och bada. Fortsätt gärna din promenad längs vattnet Kungsholmen runt!

Långholmen var Stockholms fängelseö. Den siste fången släpptes ut från fängelset 1975. Nu är det vandrarhem.
Du kan fika i fängelsets gamla rastgård som lämpligt nog är formad som en tårtbit! Här finns utmärkta bad och spännande stigar! Koloniområdet är ett av Stockholms finaste.

I Tantolunden ligger Stockholms första koloniområde. Titta på de vackra miniträdgårdarna och hur olika husen ser ut. På 1600-talet ägde Hans Tanto en tomt på området. På järnvägsbroarna över vattnet går tågen till och från Stockholm.
Under broarna ser du Årsta holmar. För länge sedan arbetade en man som trädgårdsmästare på holmarna. Hans fru brukade kasta ner ett lunchpaket varje dag när hon åkte förbi med tåget. Hon hade fått särskilt tillstånd att göra det!

I Humlegården finns en av Stockholms bästa lekplatser och en väldigt bra pulkabacke. Hela området har tillhört kungen. Humle användes för att brygga öl. För bara 150 år sedan betade det kor här. Det var bonden på en av Stockholms sista bondgårdar som ledde sina kor hit. Korna bodde i ett stall vid Observatorielunden. Stallet finns kvar som parklek, men utan kor.

Djurgården var förr kunglig jaktmark. Kungen jagade djur som han själv släppt ut. Det var renar, älgar och hjortar. För att inte djuren skulle smita byggdes ett högt staket. Idag är alla välkomna till Djurgården. Det finns gott om caféer och mängder av picknickställen. Gröna Lund och många av Stockholms museer ligger på Djurgården.

I Gamla Stan finns det också en park om du letar noga. Den heter Junotäppan.

Vitabergsparken.
Titta på de gamla trähusen runt Sofia kyrka (och titta på kyrkan. Ser du att tornet liknar en blyertspenna!). Här bodde de fattigaste av stadens fattiga förr i tiden. Berget var kalt och kargt och lyste vitt.
Parken planterades när man byggde kyrkan. Här finns de bästa pulkabackarna i stan!

Flera av Stockholms parker har en scen där du på sommaren kan se gratis teater!

På 1600-talet hade Stockholm en av Europas längsta träbroar. Bron var åttahundra meter lång. Den bron ledde till Kungsholmen men är riven för länge sedan.

Förr gick Stallbron till kungens stall som nu är rivet. Nu går den till Sveriges Riksdagshus. Politikerna går UNDER bron, titta får du se! Bäst ser du från Kanslihuskajen.

Pampiga broar

Västerbron är inte bara vacker i sig. Här är underbar utsikt mot Stockholm. Här möts Uppland och Södermanland.

Norrbro är Stockholms äldsta bevarade bro. Grundstenen lades av Gustav III år 1787. Han murade in en låda med mynt och medaljer. Den ligger där än! Nu kan du fiska från bron. Har du tur kan du se sänkhåvsfiskare. Deras vanligaste fångst är en sorts fisk som heter nors. Ibland står det i korsord "fiskas i Strömmen", då skall du skriva nors!

Sveabron kan du bara se på bild om du inte börjar gräva. Men den finns UNDER Odengatan, där man passerar Sveavägen. Förr låg Sveavägen lägre ner.

Här är den jobbigaste delen av Stockholm Maraton. Under ligger Långholmen med sitt gamla fängelse.

Åk gärna den trevliga båtturen "Under Stockholms broar". Den startar vid Strömkajen och tar två timmar.

Vid Järntorget i Gamla Stan ligger Sundbergs konditori. Konditoriet har funnits sedan 1770. Det sägs att det finns en tunnel från slottet som Gustav III använde i smyg när han blev sugen på sötsaker.

… och spännande tunnlar

Mellan T-centralen och Centralstationen går en gång. Här är det väldigt många som stressar och jäktar. Ställ dig och titta, ta det lugnt!

I avloppstunnlarna finns det gott om råttor! Det bor ungefär lika många råttor som människor i Stockholm. Hade råttorna inte bekämpats så hade de varit oändligt många fler. Ett råttpar kan få tusen ungar på ett år!

Under Gamla Stan har man hittat tunnlar som kan ha använts av munkar och nunnor för hemliga möten.

Alla tunnelbanestationer är vackert utsmyckade.
Man kan åka på konstutställning om man vill. Gå av lite här och där, titta och njut!

Norrmalm och Östermalm skiljs åt av Brunkebergsåsen. Du kan gå genom åsen. Gå till Tunnelgatan. Läs på skylten vid tunnelmynningen. Testa ekot! 1886 kostade det två öre att gå igenom. Nu är det gratis.

Tinnar och torn

Glasobelisken (37,5) m är inte något torn men får vara med ändå. I fontänen brukar en del bada för att fira VM-guld, OS-guld, studenten eller annat.

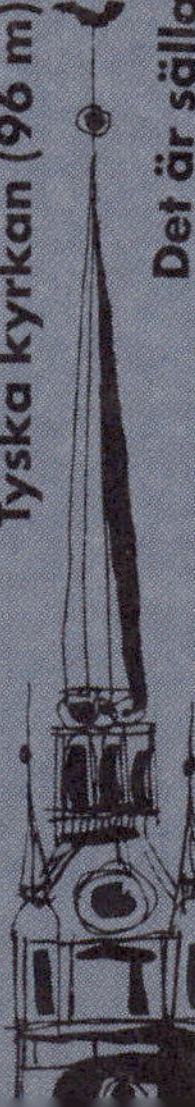

Tyska kyrkan (96 m). I spiran sitter en gyllene tupp. Den gamla föll ner i branden 1878. Vill du se den gamla? Gå in i kyrkan.

Det är sällan man kommer så nära en kyrktupp! Kyrkan byggdes för de många tyska köpmän som bodde i Stockholm på 1600-talet.

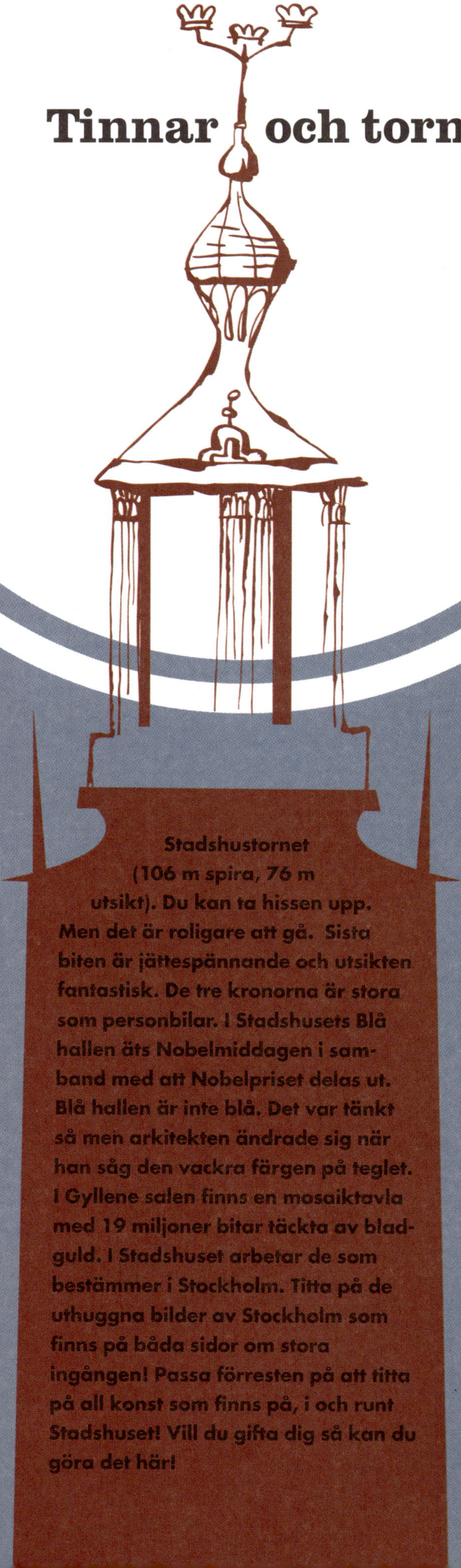

Stadshustornet
(106 m spira, 76 m utsikt). Du kan ta hissen upp. Men det är roligare att gå. Sista biten är jättespännande och utsikten fantastisk. De tre kronorna är stora som personbilar. I Stadshusets Blå hallen äts Nobelmiddagen i samband med att Nobelpriset delas ut. Blå hallen är inte blå. Det var tänkt så men arkitekten ändrade sig när han såg den vackra färgen på teglet. I Gyllene salen finns en mosaiktavla med 19 miljoner bitar täckta av bladguld. I Stadshuset arbetar de som bestämmer i Stockholm. Titta på de uthuggna bilder av Stockholm som finns på båda sidor om stora ingången! Passa förresten på att titta på all konst som finns på, i och runt Stadshuset! Vill du gifta dig så kan du göra det här!

Storkyrkan (66 m) är Stockholms domkyrka. Inuti hittar du Sankt Göran och draken.

Skulpturen är gjord av älghorn och ek och är från 1489.

Om du promenerar sena kvällar eller nätter ser kyrkan ut som en vänligt leende gubbe.

Titta får du se! Bäst ser man från Söders höjder eller från Kungsholmssidan.

(155,5 m, utsikt 144,6 m, café134m). Stå uppe och titta ner eller stå nere och titta upp! Här finns teknik för radio, TV och tele. Att fika i toppen är toppen!

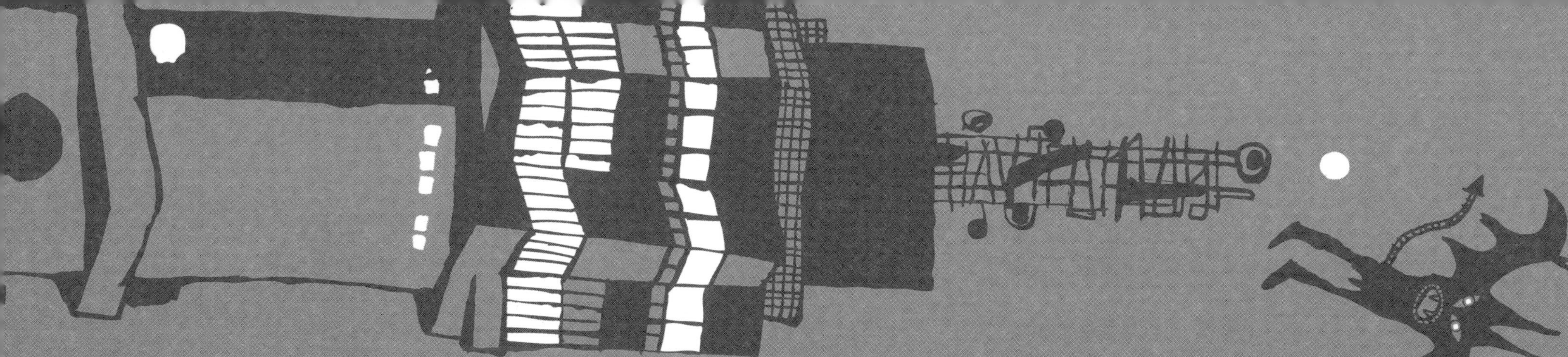

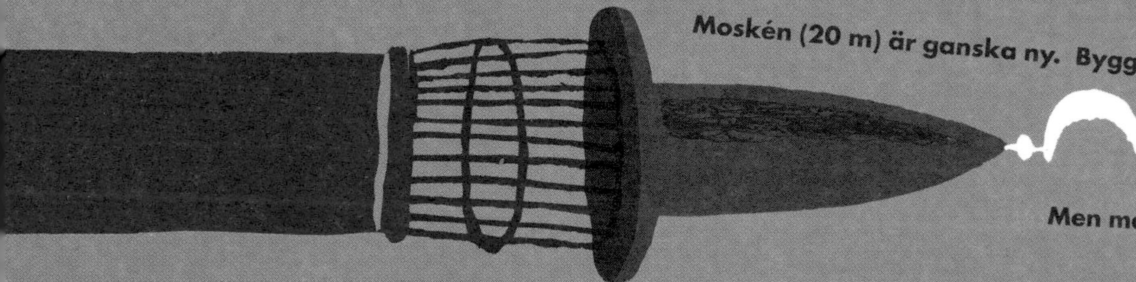

Moskén (20 m) är ganska ny. Byggnaden har varit ett gammalt elektricitetsverk.

Redan från början ritades elverket i orientalisk stil.

Men man kunde nog inte ana att det skulle bli en moské! Tornet kallas minaret.

Spiran kröns av en halvmåne som är symbolen för islam. Vem som helst kan besöka restaurangen för en god bit mat eller myntate med en ljuvlig baklava!

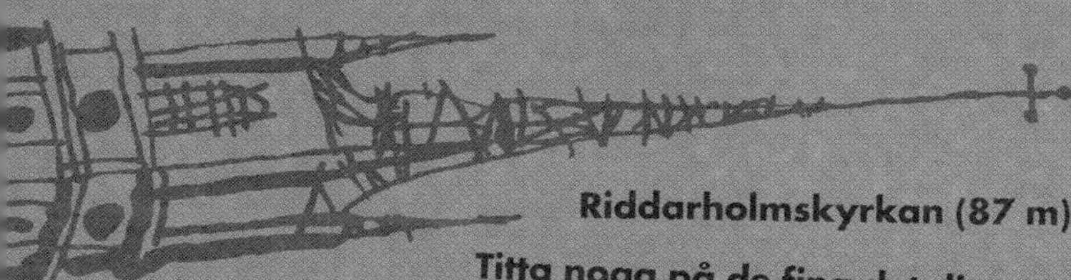

Riddarholmskyrkan (87 m). Det gamla tornet förstördes vid ett åsknedslag. När det nya skulle byggas använde man gjutjärn.

Titta noga på de fina detaljerna. I kyrkan ligger många av Sveriges kungligheter begravda.

Mosebacke vattentorn (32 m). Här ser du tinnar. Förr var tinnar skottöppningar.

Inte just på vattentornet utan på borgar och slott. Här är det bara en dekoration.

Förr samlade man vatten i tornet. Nu finns det lägenheter!

Om du ser en kyrka med två torn så är det Högalidskyrkan! (82 m).

Hus och byggnader

Där de fem Hötorgsskraporna står fanns tidigare Tobias Sergels gamla skulptörateljé. Den och mycket annat fick rivas för att ge plats för tunnelbanebygget. Husen ser ut att vara likadana, men om du tittar noga är de ganska olika. De kallas ”Fem trumpetstötar mot skyn”. Om du får möjlighet så titta in i första skrapans entré!

Synagogan vid Wahrendorffsgatan.
Här håller Judiska Församlingen gudstjänster.
Man kan få guidad visning.
Förresten, har du varit på Judiska museet
på Hälsingegatan?

I Kulturhuset händer det mesta! Här finns teater, utställningar, bibliotek, restauranger och caféer. Varför inte åka högst upp och titta på utsikten?

… byggnader och hus

Stadsbiblioteket är berömt för sin skönhet, men när det var nytt kallade folk det för ”skokartongen med sillburken på”. Leta upp dörrhandtagen som föreställer Adam och Eva.

Kungliga Operan är platsen för opera och balett. Tidigare låg Gustav III:s operahus på samma plats. (Han lät bygga det och sedan var det ju där han blev mördad.) Det såg ut precis som byggnaden mittemot. Byggnaden mittemot är Arvfurstens palats.

Hotell Malmen på Götgatan är en färgklick! Det byggdes 1951 och var Sveriges första hotell med bad och WC på varje rum.

Det lilla trähuset på Nytorgsgatan 5 är från 1730. Det var fem gånger så stort från början. När man sprängde fram Katarinavägen nedanför fick resten rivas.

Titta först utvändigt på Östermalms Saluhall. Titta sedan invändigt. Känn dofterna, köp hem eller ät på plats!

Rotundan på Norra Bantorget är en gammal busstationsbyggnad. Den är ritad av samme man som ritat ”Svampen” på Stureplan.

Men allt är inte vackert

… en del är ganska fult

Det finns mycket att göra …

Det här är faktiskt en park! Det har det varit länge.
Först hette den Järnvägsparken, nu heter den Centralparken.
Förr fanns här en fantastisk grönska och det var en oas
för stockholmaren på lunch eller för resenären som
väntade på tåget.
Nu är träden få (men de i kakel är ganska fina!).

Alla sorters människor

… och många sorters djur

Ser du ett lejon är det nog en staty. Är det ett riktigt, spring!

En utter har kommit till Stockholms ström. Hoppas att den stannar!

Bäver kan du, om du har tur se utanför Södermalm vid Årstaviken.

En hare bor vid Kungsholms kyrka.

En grävling har siktats i Kungsträdgården och en annan vid Rosenbad.

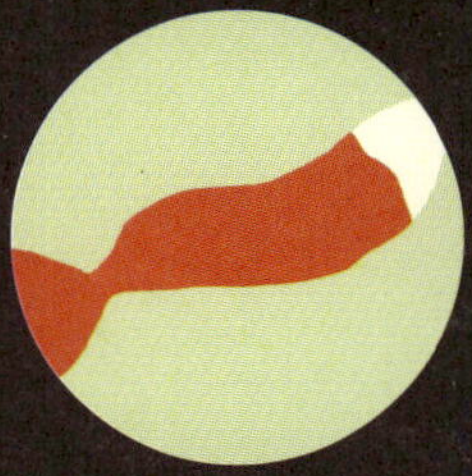

Räv har synts på Norrmalm.

Ibland kommer havsörn in från skärgården och jagar änder på Strömmen.

Älgar slinker ibland in och då blir det problem i trafiken!

Rådjur betar i både Vitabergsparken och Tantolunden.

Du kan se hägrar flyga över staden.

En varg gick rakt genom stan 2001.

Duvor finns det gott om. Egentligen är det klippduvor och stadens byggnader ersätter deras naturliga boplatser. De trivs, annars hade de flyttat! Om du ser konstiga piggar på gatlyktor, lampor och skyltar så är det för att duvorna inte ska bajsa där.

Hör du något som hoar kan det vara en uggla.
Det bor kattugglor i Vasaparken och berguvar har setts jaga råttor på Klara kyrkogård.

Om du gillar kaniner så gå till Rörstrands-gatans slut och genom tunneln mot Karlberg. Ett par utsläppta tamkaniner har fått ungar som har fått ungar som har fått ungar …

På djurkyrkogården på Djurgården finns många av stockholmarnas husdjur begravda.
Även en del cirkusdjur har fått sin sista vila här.

Gå på ett museum

VASAMUSEET visar självklart det stolta 1600-talsskeppet.

MODERNA MUSEET bjuder på Picasso, Get i däck och annan 1900-talskonst.

NORDISKA MUSEET berättar om livet i Norden, i slott och koja, förr och nu.

På **NATIONALMUSEUM** finns måleri, skulptur och design av ädlaste slag.

På **MEDELTIDSMUSEET** finns galgbacke, häxor och fynd från det medeltida Stockholm.

STOCKHOLMS STADSMUSEUM berättar allt om Stockholm och lite till.

HISTORISKA MUSEET har fantastiska föremål från förr. Lär dig om vikingar och titta i Guldrummet!

MEDELHAVSMUSEET har mumier!

ÖSTASIATISKA MUSEET visar konstföremål från Kina, Japan, Korea och Indien.

På **ETNOGRAFISKA MUSEET** kan du lära dig om folk och kulturer i andra världsdelar.

SJÖHISTORISKA MUSEET visar allt om båtar och livet till sjöss.

NATURHISTORISKA RIKSMUSEET. Om jorden, om livet, om människor, växter och djur. Se en film på Cosmonova, du kommer inte att ångra dig!

BIOLOGISKA MUSEET är ett riktigt gammaldags museum! Uppstoppade nordiska djur i miljöer målade av konstnären Bruno Liljefors.

ARMÉMUSEUM visar Sveriges militära historia. Vapen, rustningar och mycket, mycket mer.

DANSMUSEET berättar det mesta om dans i hela världen.

På **MUSIKMUSEET** kan du titta på instrument, lyssna på instrument och spela på instrument!

LEKSAKSMUSEET roar alla åldrar.

På **TEKNISKA MUSEET** kan du leka och lära. Om teknik förr och nu.

POSTMUSEUM är ett av världens finaste i sitt slag.

MARIONETTMUSEETS docksamlingar imponerar.

Hela Stockholm är ett museum i sig!

... eller ta en promenad

Så här ska du göra om du vill se mycket av Stockholm. Gå av tunnelbanan vid station Gamla Stan. Gå till

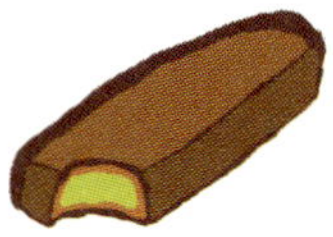

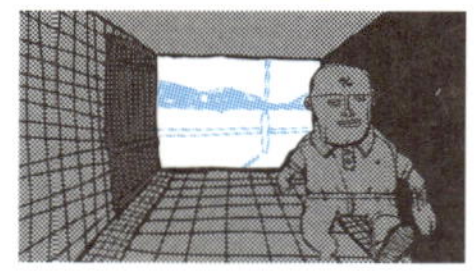

Pressbyrån. Köp en chokladkaka eller kanelbulle och en läsk. Gå till utgången mot vattnet, beundra utsikten.

Rakt fram ser du Västerbron. Gå till vänster uppför trapporna. Gå på bron mot tunneln. Till höger ser du båtar

både vid kajen och på Riddarfjärden. Uppe på berget ser du en hög skorsten, det är dit du ska! Gillar du tåg

och bilar, titta till vänster! När du kommit genom den lilla tunneln ser du Stockholms brantaste gata. Gå uppför

backen. Lutningen är 22%. Gatan kallades förr Besvärsbacken eller Näsbultarbacken. När du är uppe vid trädet så

vänd dig om och titta på utsikten. Man ser Skansen och Gröna Lund! Området du går i heter Mariaberget.

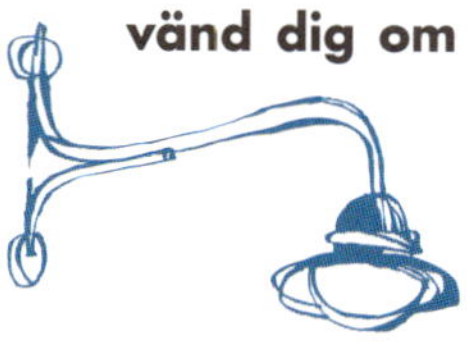

Ser du Maria kyrka? Gå till höger nerför trapporna i Maria Trappgränd. Nedanför trapporna går du direkt till

vänster på Bastugatan mot nästa backe. Gå fram till den öppna platsen och läs på skylten under trädet. Gå

uppför Bastugatsbacken, fortsätt rakt fram och håll utkik efter en skylt där det står Monteliusvägen. Den sitter

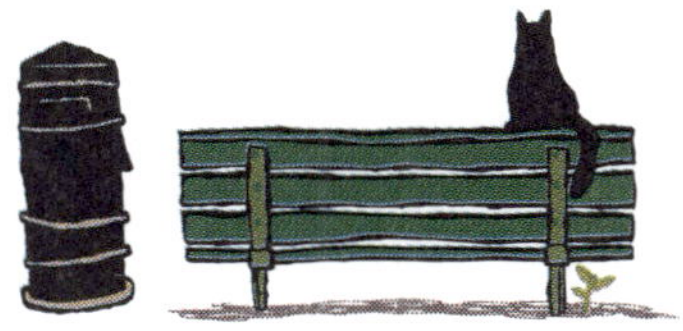

på ett rött staket. Sväng in på Monteliusvägen och gå fram till en bänk. Sätt dig på bänken, ta fram bullen

eller chokladkakan, njut av utsikten! Drick inte läsken! Leta upp Slottet. Leta upp den snurrande NK-klockan. Leta upp Centralstationen. (Tips, följ spåret!) Fortsätt sedan framåt, men stanna då och då för att beundra Stockholm. På höger sida utsikten, på vänster sida vackra hus och trädgårdar. Gå hela tiden mot skorstenen!

Gå ända tills du går rakt in i ett staket. Där finns ett dagis. Ta trapporna till vänster upp på Bastugatan. På Bastugatan går du direkt till höger mot den höga skorstenen. Skorstenen hör till Münchenbryggeriet, men det var länge sedan det bryggdes öl där. Nu är där skolor och kontor. Gå över en liten bro, fortsätt mot skorstenen.

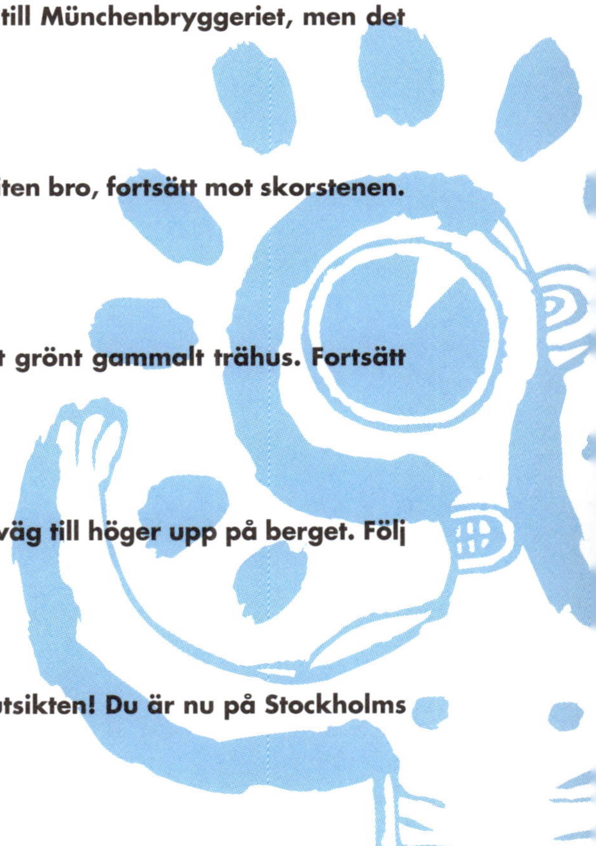

När du är nästan framme vid skorstenen måste du gå lite till vänster förbi ett grönt gammalt trähus. Fortsätt framåt, ge inte upp, du är snart framme! Mellan trähusen går det en liten grusväg till höger upp på berget. Följ

grusvägen och välj en bra sittplats. Ta fram läsken och njut av både den och utsikten! Du är nu på Stockholms

innerstads högsta punkt. Ser du Globen? Kan du peka ut de olika stadsdelarna? När du njutit färdigt får du göra vad du vill. Man kan fortsätta över berget och gå ner Yttersta Tvärgränd till Zinkensdamms tunnelbanestation.

Du kan ta spårvagn till eller från Djurgården. En av spårvagnarna är ett rullande café. Från början drogs spårvagnarna av hästar. Vill du se fler spårvagnar finns ett särskilt museum.

Är du trött eller har bråttom tar du spårvagn eller färja

Färjor kan man åka lite kors och tvärs. Förr fanns det roddarmadammer, kvinnor som rodde folk mellan olika bryggor. Det ansågs att dalkullor var de duktigaste och starkaste roddarna. Djurgårdsfärjorna är de äldsta i världen som går i trafik.

De roligaste hissarna är Katarinahissen och hissarna i Söderhallarna.
När Katarinahissen var ny kostade det fem öre att åka upp och tre öre att åka ner. Egentligen finns det en ännu roligare hiss i ett hus på Kungsholmen.Det är en sort som heter paternoster-hiss. Tyvärr finns den i HSB:s kontorshus så det är mest de anställda som får åka.

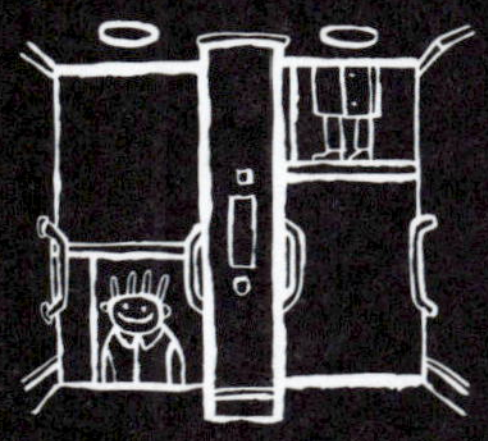

… eller någon rolig hiss

AIK bildades 1891. Det var två bröder Behrens som tog en snabb promenad på Kungsholmen.
Två andra ynglingar försökte att gå förbi dem. De fick gå snabbare och snabbare och till slut började alla fyra springa. Bröderna Behrens vann och efter den språngmarschen föddes idén att bilda en idrottsklubb. Man kunde ju tävla med andra!
AIK bildades i brödernas hem på Biblioteksgatan 8. Det sitter en liten minnesplatta på huset.

Djurgårdens IF bildades också 1891.
Redan året innan hade man försökt men en tilltänkt kassör som kallades Styvben Starke (förmodligen inte så duktig fotbollsspelare!) försvann med kassan.
Klubben bildades på Alberget 4 på Djurgården. Där finns också en minnesplatta.

Se Hammarby spela bandy på Zinkensdamms IP.

Hammarby IF hette från början Hammarby Roddklubb och bildades 1889.
När det var is på sjön höll roddarna på med skidåkning och skridskotävlingar och 1897 bytte man namn till Hammarby IF.

Se Finnkampen på Stockholms Stadion. Stadion byggdes till OS 1912.

Westermalms IF spelade allsvensk fotboll på 1920-talet men det gick inte så bra.
Nu spelar klubben i division sju.

Se Stockholm Marathon eller kanske Tjejmilen.

Idrott kan man titta på

Simma lugnt på vackra Centralbadet, tjusiga Sturebadet, nya Eriksdalsbadet, minimala Storkyrkobadet, flytande Liljeholmsbadet eller hederliga Medis.
Vilda Vanadis är för tuffingar!

Bowlinghallar hittar du i Vasastan, på Kungsholmen och på Södermalm.
Har du testat cosmic bowling?

Fiska i Strömmen!

Schack kan du spela i Kulturhuset eller med jättepjäser i Kungsträdgården.

Hyr cykel eller kanot vid Djurgårdsbron.

Spela tennis eller badminton.
Varför inte i Kungliga tennishallen?

Spring Stockholm Marathon eller kanske Tjejmilen.

Skridskor till musik åker man i Kungsträdgården. Andra isar finns på Medborgarplatsen, Östermalms IP och Zinkensdamms IP. På Gärdet finns en bana med backar!

… eller ägna sig åt själv

**På Stockholms slott finns flera museer:
Slottet i sig med guidade visningar i salar och gemak, Skattkammaren, Gustav III: s antikmuseum, Livrustkammaren, Tre Kronor som visar slottets historia.**

Kungafamiljen bor inte på slottet längre, de bor på Drottningholm, men både kungen och drottningen har sina arbetsplatser här.

Tre Kronor är inte bara Sveriges A-landslag i ishockey. Stockholms gamla slott hette Tre kronor. Det brann 1697. De tre kronorna har varit symbol för Sverige sedan 1300-talet. De visade att kungen härskade över Sverige, Norge och Skåne.

De tre kronorna i Stadshusets torn visar att Stockholm är Sveriges huvudstad.

Högvakten kallades förr kungavakt. Den har funnits sedan 1523. Den har till uppgift att bevaka Stockholms slott, Drottningholm och kungafamiljen.
Passa på att titta när de går i vaktparaden!

Är du kille? Om du är vid slottet, se gärna till att vara kissnödig. Tjusigare toalett får man leta efter! (Ta inte fel på vaktkurerna!)

Det finns spöken! Om du möter en lång, stilig kvinna med mörkt hår och vit slöja så är det Vita Frun. Hon lär visa sig när någon i kungafamiljen ska dö. Om du möter en liten grå man i gammaldags kläder så är han från en annan tid. Han sägs bo i de äldsta valven från det gamla slottet Tre Kronor. Det finns ännu fler spöken, titta om du törs!

Gröna Lund invigdes 1883, då fanns det bara en enda karusell.
Gröna Lund var från början namnet på en krog som fanns i det rödmålade trähus som ligger på Långa gatan 4.
Carl Michael Bellman beskriver krogen Gröna Lund i ”Fredmans epistel nr 62”.

CHANS

Statyer finns det gott om

Lennart "Nacka" Skoglund "joxar med trasan" på Katarina Bangata.
Han bodde i nummer 42, läs på skylten i porten.

Författarinnan Astrid Lindgren hittar du både i Tegnérlunden och i Galärparken.
I Tegnérlunden inleds boken "Mio, min Mio".

Poeten Nils Ferlin tar en cigarett vid Klara kyrka.
I Klarakvarteren träffade han sina konstnärsvänner.
Nu är de flesta döda, kvarteren är rivna, men Ferlin står kvar evigt blossande.

Evert Taube står vid Järntorget i Gamla Stan (och sitter med luta på Riddarholmskajen).
Alldeles intill finns krogen "Den Gyllene Freden" där Evert Taube hade sitt stambord.
Många av hans visor framfördes första gången här.

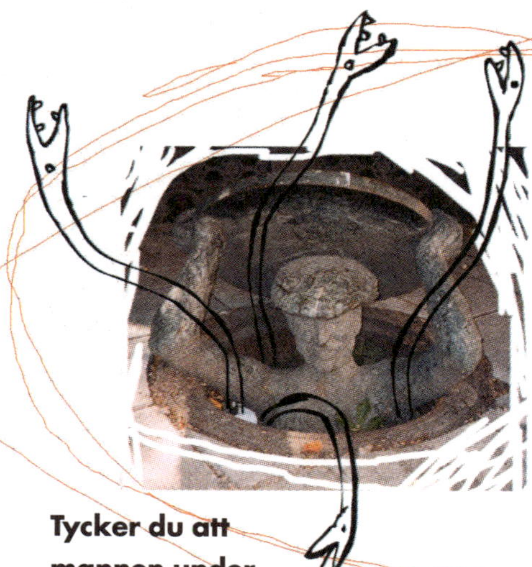

Tycker du att mannen under brunnslocket liknar skådespelaren Hasse Alfredsson?
Det var mycket riktigt han som stod modell.
Du hittar statyn vid Berzelii park.

Pojken vid Finska kyrkan blir ompysslad och får stickad mössa och halsduk varje vinter.

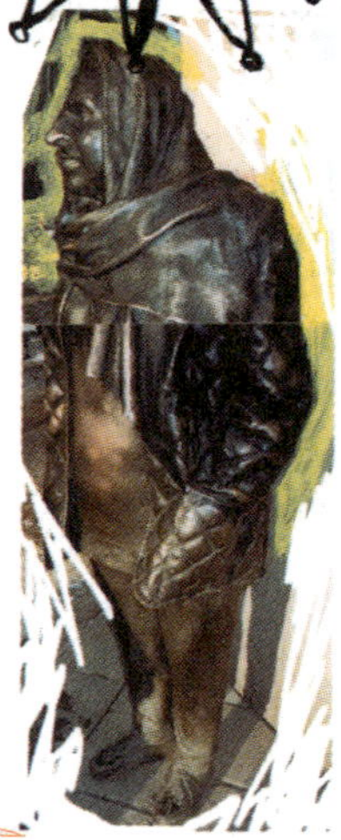

Vid Kungliga Dramatiska Teatern står skåde-spelerskan Margareta Krook staty.
Lägg handen på henne!

Författaren August Strindberg sitter naken i Tegnérlunden.

Flickan på Malmskillnadsgatan borde också bli ompysslad, hon skulle bli glad!

... och här är en fontän!

Om du vill se eller göra ännu mer, så får du lite tips

Kanske blir det Skansen!

**Eller något av det här:
Beckholmens varvsområde med girafferna, Junibacken, flanera på Strandvägen, NK, strosa på Fjällgatan, Skandiabiografen, gå runt Södermalm, judiska kyrkogårdarna på Kungsholmen, alla andra kyrkogårdar, spankulera i Gamla Stan, båtrundturer, spatsera på Norr Mälarstrand, Riddarhuset, Riddarholmen, flera promenader, Slussen, testa din drake på Gärdet, titta på neonskyltar, drick te i Kungsträdgården, restauranger, kanonkulan på Stortorget, caféer, en promenad till, Blå tornet, gå runt Reimersholme, Hötorgshallen, Hallwylska palatset, Aquaria, Observatoriet, Skeppsholmen/Kastellholmen, Liljevalchs konsthall med Vårsalongen och Blå porten, gå runt Stora och Lilla Essingen, Rosendals trädgårdar, julmarknaden i Gamla Stan, vandra i Vita bergen, Åhlénsklockan, Dramaten, mata fåglarna vid Strömmen, Djurgårdsstaden, Almgrens sidenväveri, Fåfängan med fik och utsikt, alla andra gator-gränder-torg-parker-broar-tunnlar-hissar-färjor-spårvagnar-museer-promenader-idrotter-djur-statyer-fontäner-attraktioner-sevärdheter och annat.**

Du kan faktiskt göra precis vad du vill, här finns allt!

Välkommen!